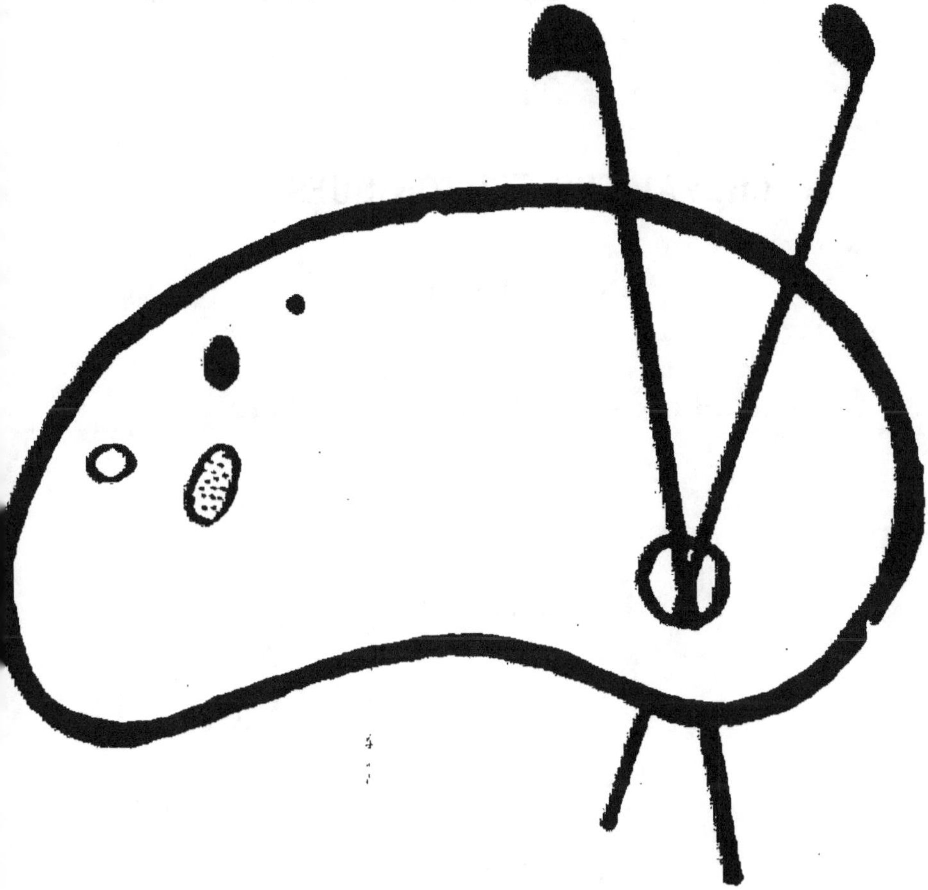

DEBUT D'UNE SERIE DE DOCUMENTS
EN COULEUR

LA
CINQUIÈME CROISADE

ET LES

CHEVALIERS TEUTONIQUES

EN NIVERNAIS

PAR HENRI DE FLAMARE.

NEVERS,

IMPRIMERIE FAY. — G. VALLIÈRE, SUCCESSEUR,

Place de la Halle et rue du Rempart.

—

1886

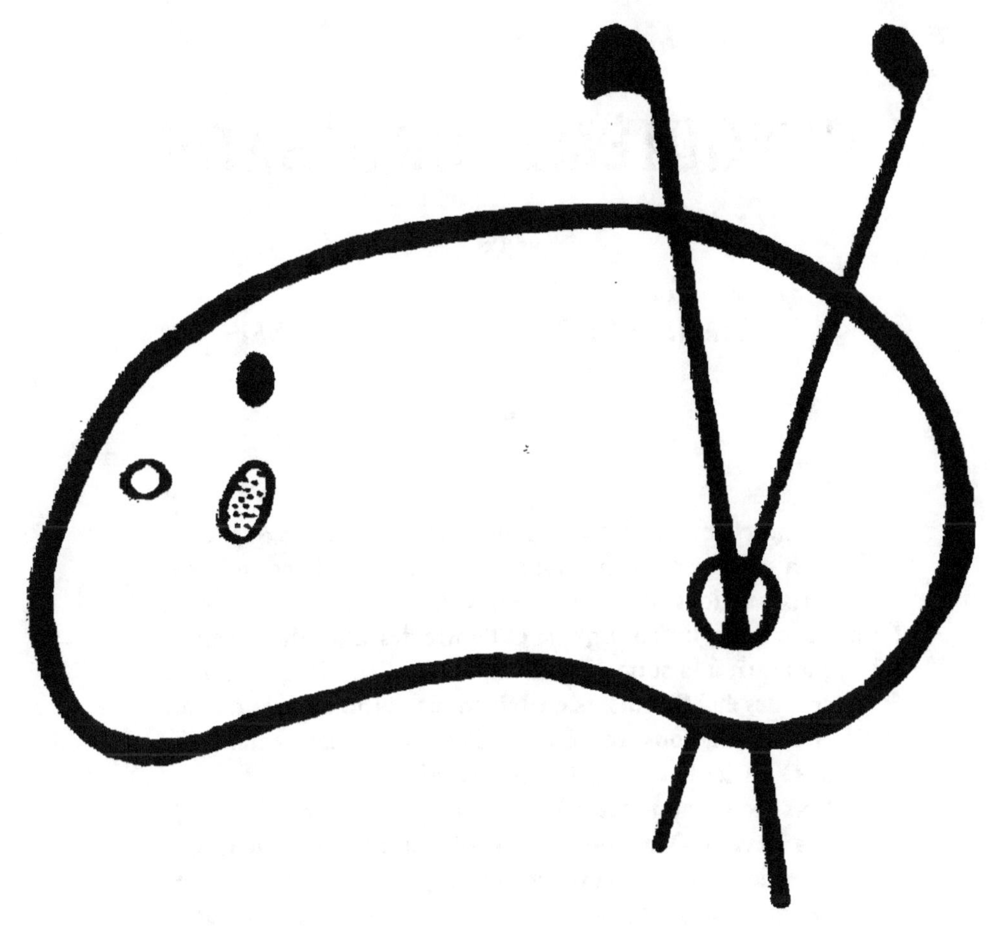

**FIN D'UNE SERIE DE DOCUMENTS
EN COULEUR**

LA
CINQUIÈME CROISADE

ET LES

CHEVALIERS TEUTONIQUES EN NIVERNAIS

Rechercher dans les chroniques contemporaines quelle fut la part prise par le comte de Nevers à la cinquième croisade, quelles relations s'établirent entre les chevaliers qu'il avait amenés avec lui en Égypte et l'ordre des Chevaliers Teutoniques qui, à la suite de cette expédition, eut des possessions et créa des établissements en Nivernais, enfin exposer d'après les titres qui nous en sont restés l'histoire de ces établissements, tel est l'objet du présent travail.

Lorsque le comte Hervé, qui avait pris la mer à Gênes (1), arriva devant Damiette, vers le 28 octobre 1218, date qui résulte de la suite des événements rapportés par les diverses chroniques, depuis cinq mois déjà les premiers croisés, sous les ordres de Jean de Brienne, l'intrépide roi de Jérusalem, avaient commencé le siége de cette place. L'armée qui avait débarqué s'était établie sur une île située en amont de la ville, entre la rive gauche du Nil (Damiette étant sur la rive droite) et un ancien canal allant du fleuve à la mer (2). Le

---

(1) De Lespinasse, *Hervé de Donzy*, p. 67.

(2) Paul Meyer, *la Prise de Damiette en 1219*, *Bibliothèque de l'école des chartes* 1877, p. 514 et 515.

24 août, après une première attaque infructueuse qui avait eu lieu le 1er juillet, elle s'était emparée d'une tour défendant au moyen de chaînes la navigation du fleuve au milieu duquel elle était construite (1). De fréquents combats avaient eu lieu entre l'armée assiégeante et l'armée du soudan d'Égypte qui cherchait à dégager la place assiégée, et, le 26 octobre, les Égyptiens étant venus attaquer les croisés dans leur camp retranché, n'avaient été repoussés qu'après un combat acharné ; aussi, l'arrivée de nouvelles troupes fut-elle un sujet de joie et d'espérance pour les compagnons du roi de Jérusalem. C'était, en effet, un renfort important composé de Français, d'Anglais et d'Italiens, qui débarquait en même temps que le comte de Nevers (2).

(1) *Gesta obsidionis Damiate.* (*Quinti Belli sacri scriptores minores,* ed. Röhricht, p. 75 et 76.) Johannes DE TULBIA. *De Johanne rege Jerusalem.* (*Ibid.,* p. 120.) *Liber duellii christiani in obsidione Damiate.* (*Ibid.,* p. 144.) ERNOUL, ed. de Mas Latrie, p. 416.

(2) « Et dum hec agerentur, magister Robertus de Cursone, vir nobilis et potentissimus et comes de Niversa, vir egregius et prudens, et multi milites de Francia et Anglia et aliis Galliarum partibus ad Damiate portum, virtute Domini pervenerunt ; gavisi sunt namque Christiani ingenti letitia. » *Gesta obsidionis Damiate.* (Röhricht. *Quinti belli sacri scriptores minores,* p. 79.)

« Post hec applicuit magister R. de Cursione cum comite de Niversa et cum multis militibus de Francia et Anglia. » Johannes DE TULBIA. *De Johanne rege Jerusalem.* (*Ibid.,* p. 131.)

« Post hec applicuit Ruodpertus de Crusione (Robertus de Cursone) cum Tubernense (Nivernense) comite et comite de Marchia qui multos secum adduxerunt commilitones de Gallia et Anglia. » *Liber duellii christiani in obsidione Damiate.* (*Ibid.,* p. 146.) La nationalité allemande du chroniqueur se décèle dans l'étrange défiguration qu'il fait subir aux noms propres.

« Herveus comes Nivernensis, mare transito, cum multo nobilium comitatu circa festum Apostolorum Simonis et Jude applicat Damietam. » Robert ABOLANT. (*Testimonia minora de quinto bello sacro,* ed. Röhricht, p. 81.)

« Subjugata autem turre Damiate, venerunt ad passagium sancte Crucis quod tunc instabat, de diversis mundi partibus peregrini multi. Inter quos venit Pelagius, Albanensis episcopus et Apostolice Sedis

A la même époque arrivaient les deux cardinaux légats, Robert de Courson, qui mourut bientôt, et dont tous nos chroniqueurs célèbrent à l'envi la science, la piété, les vertus, et Pélage, qui prit le commandement effectif de la croisade, malgré les droits qu'y avait le roi de Jérusalem. Cette usurpation fut amèrement reprochée au légat, au dire des chroniqueurs aussi bien que des poètes : « Li cardinals Robiers i fu mors, et li cardinals Pelages vescui, dont ce fu grans damage, et mout il fist de mal, » dit énergiquement Ernoul dans son intéressante chronique (1). Pélage fut, par son impéritie, cause du déplorable résultat de l'expédition.

Nous avons peu de détails sur les actions du comte de Nevers au siége de Damiette ; pour y suppléer, nous allons résumer rapidement les principaux événements qui eurent lieu pendant son séjour à l'armée des croisés.

Du 29 novembre aux premiers jours de décembre, le camp des chrétiens eut à subir une violente et désastreuse tempête ; il fut inondé par les eaux du Nil qui détruisirent une partie des travaux de défense faits pour le protéger contre les attaques des Sarrasins du dehors ; les tentes furent arrachées par le vent, les approvisionnements de toute nature gâtés, et un grand nombre de vaisseaux chrétiens furent engloutis par la mer soulevée. A la suite de cette tempête, les maladies décimèrent l'armée (2).

legatus cum magistro Roberto de Curcum, viro sancto et nobili et clerico nominis celeberrimi et Romane ecclesie cardinali, natione Anglico, et Romanis multis. Venerunt et episcopi multi cum comite Nivernensi qui, dico comes, postea, imminente Christianorum periculo, turpiter recessit. » Mathieu Paris. (*Testimonia minora*, p. 55.)

(2) Chronique d'Ernoul et de Bernard Le Trésorier, ed. de Mas Latrie, p. 417. Voir les témoignages rassemblés par M. Paul Meyer, *loc. cit.*, *Bibl. école des chartes* 1877, p. 516, note 3.

(1) *Gesta crucigerorum Rhenanorum.* (Röhricht. *Quinti belli sacri auctores minores*, p. 43.) *Gesta obsidionis Damiate.* (*Ibid.*, p. 82 et 83.) Johannes de Tulbia. *De Johanne rege Jerusalem.* (*Ibid.*, p. 123-124.) *Liber duellii christiani in obsidione Damiate.* (*Ibid.*, p. 148-149.)

Les chefs de la croisade, parmi lesquels il faut ranger Hervé, quoiqu'à cette occasion il ne soit nommé nulle part, voyant qu'ils ne pourraient s'emparer de Damiette tant que l'armée resterait tout entière sur la rive gauche du Nil, se décidèrent à la faire passer sur la rive droite. Cette opération eut lieu du 3 au 5 février 1219 et fut singulièrement facilitée par des dissensions intestines dans l'armée du soudan. Le 7 février, le gros de l'armée étant établi sur la rive droite, la ville se trouva investie de toutes parts (1). La compilation historique, connue sous le nom d'*Éracles*, qui est l'histoire en français de toutes les croisades, nous donne ces précieux renseignements sur l'emplacement des différents corps : « Li crestiens se logèrent tout entor la ville et l'enclostrent ensi que nus n'i pot entrer ni issir. Le roi et tuit cil de la lengue de France furent herbergés devers l'oistre, dès le flum tresque à la tor de Faies et les Pisans furent avec eauz; et de cele tor envers le canton qui est vers le levant, fu li Temples et li cuens de Nevers Hervi, et de ilec trèsque à l'autre canton estoit li Hospitau de saint Johan et li Espagnol et li Provensal; et de celui canton trèsque au flum, toute la face devers la boire estoit le légat et les Romains et li Frisons et li Genoies et tous ceauz d'Itaile; li Hopitaus des Alemans devers le cochant et estoit [oltre] le flum (2). »

L'armée de secours, commandée par le soudan de Damas, frère du soudan d'Égypte, vint livrer plusieurs combats

---

(1) *Gesta crucigerorum Rhenanorum.* (ROHRICHT. *Quinti belli sacri scrip. min.*, p. 45 et 55.) *Gesta obsidionis Damiate.* (*Ibid.*, p. 86.) Johannes DE TULBIA. *De Johanne rege Jerusalem.* (*Ibid.*, 125-126.) *Fragment provençal sur la prise de Damiette*, éd. par M. Paul MEYER. (*Ibid.*, p. 169 et 170 et *Bibl. de l'école des chartes* 1877, p. 512 et 513); même source (ROHRICHT, *loc. cit.*, p. 101 et *Bibl. éc. des ch.* 1877, p. 540.) Robert ABOLANT. *Chronologia autissiodorensis, Recueil des historiens de la France*, tome XVIII, p. 286, d'après Olivier LE SCOLASTIQUE. *Historia Damiatina*, ch. II, p. 1407 de l'édition donnée par ECCARD dans *Corpus hist. medii Avi II*, p. 1407.

(2) *Historiens occidentaux des croisades*, tome II, p. 375.

aux chrétiens établis dans leurs nouvelles positions et les attaqua plusieurs fois dans leur camp, notamment le dimanche des Rameaux, 31 mars 1219, où eut lieu une attaque simultanée des troupes de terre contre le camp et d'une flottille de 71 galères contre les vaisseaux et les ouvrages défensifs qui interceptaient les communications par le Nil avec la place assiégée. Cette attaque, qui fut repoussée victorieusement et où les Musulmans perdirent beaucoup de monde et une trentaine de galères, fut une vraie victoire pour les croisés (1).

Vers cette époque, les assiégeants avaient élevé autour de la ville différentes machines qui lançaient des pierres ou des flèches; la relation provençale du siége de Damiette, récemment publiée par M. Paul Meyer, mentionne en ces termes la part qu'Hervé de Donzy prit à ces travaux d'attaque : « *Apres del trabuchet del Temple, avia una pereyra de l'Espital que gitava dans la Tor Blanca e per la vila. Apres d'ela avia un manganel et una pereyra del comte de Nivers que pueys fo brizatz.* — « Après le trébuchet du temple, il y avait une pierrière à l'Hôpital qui tirait du côté de la Tour Blanche et par la ville. Après celle-ci, il y avait un mangonneau et une pierrière du comte de Nevers, lequel mangonneau fut par la suite brisé (2). »

Pendant les mois d'avril et de juin, de nombreux combats eurent lieu entre croisés et Sarrasins. Au mois de juillet, la ville fut attaquée plusieurs fois, les machines de guerre furent renforcées, mais Damiette ne devait pas encore être prise, et les Musulmans du dehors continuaient leurs fréquentes attaques et renouvelaient journellement des tenta-

---

(1) *Gesta crucigerorum Rhenanorum.* (ROHRICHT. *Quinti b. sacr. auct. min.*, p. 47 et 48.) *Gesta obsidionis Damiate.* (*Ibid.*, p. 87-90.) Johannes DE TULBIA. *De Johanne rege Jerusalem.* (*Ibid.*, p. 126-127.) *Liber duelli christiani in obsidione Damiate.* (*Ibid.*, p. 151-152.) *Fragment provençal sur la prise de Damiette* (Bibl. éc. des ch. 1877, p. 525-526.) Robert ABOLANT. *Historiens des Gaules*, tome XVIII, p. 286.

(2) *Fragment provensal.* (Bibl. éc. des ch. 1877, p. 527.)

tives pour faire entrer des renforts ou des courriers dans la ville assiégée.

Depuis longtemps déjà Hervé de Donzy avait demandé des secours pécuniaires au Pape qui, le 13 février, avait écrit aux prélats du comté de Nevers pour leur faire hâter la levée du complément de la quête qui se faisait dans leurs diocèses pour les besoins de la Terre-Sainte ; aussi, à l'époque où nous sommes arrivés, il paraît probable que le comte, à bout de ressources, songeait au départ. Les chevaliers qu'il avait amenés avec lui devaient aussi être dans la gêne, et une des raisons qui le feraient croire, c'est la donation faite au mois de juillet, au camp devant Damiette, par Erard, seigneur de Chacenay, à l'ordre Teutonique, de 20 livres nivernaises de rente assises : 8 livres sur la terre tenue en fief dudit donateur par messire Henri de Perreuse (1), à Saint-Sauveur-en-Puisaye (2), et le reste sur les revenus d'Erard de Chacenay à Guerchy (3). Cette donation était confirmée presqu'aussitôt par Hervé de Donzy, oncle du donateur, et seigneur suzerain des terres sur lesquelles la donation était assise, qui mouvaient de la baronnie de Donzy (4). Une donation semblable, dans de telles circonstances, pourrait n'être qu'un témoignage de reconnaissance pour un grand service rendu ; mais n'est-elle pas bien plus vraisemblablement le remboursement d'un prêt. Les ordres religieux militaires ayant à cette époque leurs trésors en Terre-Sainte, il arrivait fréquemment que les chevaliers

(1) Pereuse (Yonne), arrondissement d'Auxerre, canton de Saint-Sauveur.

(2) Saint-Sauveur-en-Puisaye (Yonne), arrondissement d'Auxerre, chef-lieu de canton.

(3) Guerchy (Yonne), arrondissement d'Auxerre, canton de Saint-Sauveur-en-Puisaye, commune de Treigny.

(4) Les originaux de ces deux chartes sont conservés aux archives de l'Aube, à Troyes, fonds de l'abbaye de Clairvaux, chartes de Beauvoir, publiées par M. l'abbé LALORE. Collection des principaux cartulaires du diocèse de Troyes, tome III, p. 185-187.

croisés ayant dépensé tout l'argent qu'ils avaient apporté
avec eux, avaient recours à des emprunts faits à ces trésors,
qui étaient très-riches, alimentés qu'ils étaient par les
revenus des biens, très-considérables dès-lors, que ces ordres
avaient dans tout le monde chrétien. Quoi qu'il en soit,
cette donation et sa confirmation sont d'autant plus pré-
cieuses pour nous que c'est jusqu'ici un des deux seuls actes
du comte Hervé pendant son séjour au siége de Damiette
qui nous soient connus (1).

(1) Quoique ces deux actes aient été déjà publiés, à cause de leur
importance, nous croyons utile de les reproduire ici :

« Ego Erardus, dominus Cachenaii, notum facio omnibus presentes
litteras inspecturis, quod ego in honore Dei et beate virginis Marie
dedi et concessi fratribus hospitalis Alemannium, ob remedium anime
mee et antecessorum meorum, viginti libratas terre Nivernensis
monete in perpetuum possidendas. De quibus autem viginti libratis
terre octo libratas terre videlicet in terra quam dominus Henricus
de *Perrose* juxta Sanctum Salvatorem *am Puisoie* de me tenebat
eisdem fratribus annuatim percipiendas diligenter assignavi. Dicta
autem terra est de feodo comitis Nivernensis. Dicti autem fratres
alias duodecim libras in redditibus meis qui in festo beati Remigii
apud Gacheium michi debentur usque quo pluries dictis fratribus
dictas duodecim libras assignavero percipient annuatim. Ut hoc autem
ratum et inconcussum habeatur presentes litteras sigilli mei munimine volui roborari. — Actum anno gracie millesimo ducentesimo
nono decimo, mensi julii. Datum in exercitu Damiete. »

(Archives de l'Aube, original en parchemin. — Invent., fol. 352,
N. XLIII. M. l'abbé LALORE. Principaux cartulaires du diocèse de
Troyes, tome III, p. 185 et 186.)

« Notum sit omnibus presentes litteras inspecturis quod ego Herveus,
comes Nivernensis, donationem quam dominus Erardus de Cachenaio,
nepos noster, fratribus hospitalis Alemannium fecit, videlicet octo
libratas terre in terra domini Henrici *de Perrose*, que terra sita est
juxta Sanctum Salvatorem *am Puisoie* et duodecim libras in moneta
quas idem Erardus eisdem fratribus in fructibus suis de Gacheio,
quousque in terra assignaverit, dedit annuatim percipiendum, lau-
damus et dictam donationem, quousque pro duodecim libris terram
dedit [dederit], ratam et firmam, quia de feodo nostro est, voluimus
permanere. Ut hoc autem firmum et inconcussum permaneat, presentes

Plusieurs chroniqueurs (1) s'accordent à mentionner le départ du comte de Nevers au mois d'août et placent cette mention avant le récit qu'ils font de la grande bataille du 29 de ce mois; cependant la présence d'Eudes, seigneur de Châtillon-en-Bazois, à cette bataille, où il fut fait prisonnier par les infidèles et un passage de la relation provençale du siége de Damiette, nous engagent à croire qu'Hervé de Donzy fut un de ceux qui poussèrent l'armée à aller attaquer le soudan dans son camp, et qu'il prit part à cette lutte désastreuse. Aussi croyons-nous devoir donner le récit de cette bataille d'après la rédaction provençale, qui nous parait être la source la meilleure et la plus détaillée sur cette affaire :

« Les chrétiens tinrent alors conseil, *et tous ceux qui devaient s'en retourner au premier passage* voulurent que le roi allât provoquer, dans son camp, le soudan à se battre. Toute la petite gent fut de cet avis. Mais le roi, les autres barons, Le Temple, L'Hopital, ne se rendirent point à cet avis. *La discorde régna ainsi dans l'armée plus de quinze jours*, à ce point que la petite gent criait au roi et aux autres barons qu'ils ne devaient pas tenir terre, ni en conquérir, mais qu'ils n'avaient qu'à se tenir cachés comme des couards et des lâches, les traitant de traîtres qui avaient vendu la

litteras sigilli nostri munimine fecimus roborari. — Actum anno Domini millesimo ducentesimo nono decimo, mensi julii. »

(Arch. de l'Aube, *ibid.*, même numéro que la précédente; abbé LALORE, p. 186-187.)

L'autre document est une reconnaissance pour argent prêté donnée par le comte de Nevers à un marchand génois devant Damiette, au mois de novembre, probablement de la même année. (Bibliothèque nationale, fonds latin 17803, n° 128, mentionnée dans ROHRICHT, *Testimonia minora de quinto bello sacro*, p. xxxvi, note 2).

(1) Johannes DE TULBIA. *De Johanne rege Jerusalem.* ROHRICHT. V. *Belli sacri scr. min.*, p. 122. *Liber duellii christiani de obsidione Damiate.* (*Ibid.*, p. 158.) Robert AROLANT. *Recueil des historiens de la France*, tome XVIII, p. 286.

croix. Alors il fut décidé que messire Raoul de Tabarie resterait à la garde du camp. Avec quatre cents cavaliers et quatre mille hommes de pied. Messire Raoul de Tabarie garda les tentes, et tous les autres marchèrent au combat contre le soudan, et tous les gens sages firent pénitence, communièrent et firent leur testament. Et il ne manqua pas de présomptueux qui ne firent rien que porter des cordes pour lier les Sarrasins, et des deniers pour acheter les dépouilles, et des éperons dans l'espoir d'avoir des chevaux. Ce fut le jour de la Décollation de saint Jean; nos gens envoyèrent leurs galées et leurs barques en amont, toutes chargées de vivres; mais elles ne furent pas à la moitié de leur parcours que le vent leur manqua, de sorte qu'il leur fut impossible de remonter le courant. Les autres sortirent du camp après la messe et rangèrent leurs bataillons. Le Temple, le comte de Gloucester, avec les Français et les Anglais, furent à l'avant-garde, et au retour, il leur fallut faire l'arrière-garde. Ils chevauchèrent en ligne jusqu'aux fossés du soudan, et les Sarrasins abandonnèrent le camp. Alors les chrétiens prirent conseil et dirent qu'ils avaient peu de gens à cheval, tandis que les Sarrasins en avaient beaucoup, et qu'il ne serait pas prudent de leur donner la chasse. Tels y eut qui dirent qu'il serait opportun de les poursuivre jusqu'au soir. En cela il y eut grande discorde entre eux. Du côté de l'eau étaient les Romains, et les femmes qui portaient par l'ost de l'eau douce à boire aux gens de pied. Les Bédouins, qui étaient en amont du fleuve, frappèrent sur eux et en tuèrent. Alors, les Romains se laissèrent enlever la rive du fleuve. Quand le roi Jean vit cela, il fit savoir à L'Hopital, qui était devant lui, qu'il voulait charger sur les Bédouins. Et les Romains crurent que le roi et les siens s'en retournaient vers le camp. Alors, ils jetèrent leurs armes pour fuir, et le patriarche avec la vraie croix qu'il portait ne put les retenir, ni le légat, malgré ses efforts, ni le roi, pour rien qu'il sût faire. Et quand les petites gens de l'ost virent cela, ils s'en retournèrent, pleins de mauvaise volonté, au camp. Et avant que nos chevaliers se fussent mis en retraite, les Sarrasins leur eurent tué beaucoup des gens de pied. Le roi et le comte de Gloucester, Le Temple, L'Hopital, les Français, les Champenois, tous ceux-là marchèrent ensemble, formèrent l'arrière-garde et reçurent grand dommage, car tous les Romains, les Lombards, les Toscans et toutes les gens de l'ost s'enfuirent vilainement sans coup férir; dont ils doivent avoir à tout jamais grande vergogne, car l'ost avait en eux grande confiance. Et les bons chevaliers marchaient au pas, poursuivis de près par les Sarrasins, au point qu'ils ne savaient que faire : ou bien charger sur les leurs, ou ne pas le faire; et s'il leur arrivait de charger, c'était souvent parce qu'ils étaient serrés de près par les Sarrasins, qui leur tiraient des flèches si dru qu'ils leur tuaient et leur estropiaient les chevaux, et quand le cheval tombait, le cavalier était mort ou pris. C'est ainsi qu'il leur fallut aller plus d'une lieue et demie..... Les Sarrasins les serraient de si près qu'ils tombaient l'un sur l'autre, et le fils ne faisait pas attention au père, ni le père au fils, mais ils se jetèrent dans les fossés des lices (de leur camp); les uns mouraient de chaleur, les autres devenaient fous, d'autres se noyaient dans le fossé, d'autres avaient reçu tant de flèches qu'ils ne purent guérir. Le roi lui-même, qui se défendait énergiquement, fut tout enflammé de feu grégeois, au point que toutes ses couvertures de fer (ses armes défensives) furent toutes brûlées, mais grâce à Dieu, il fut rescous.

» En ce lieu, la chrétienté reçut la perte que je vous dirai : de chevaliers séculiers, tant de morts que pris, 250, entre lesquels il y avait 17 seigneurs bannerets. Le Temple perdit 17 frères, L'Hopital 13; d'arbalêtriers et de petites gens, il périt tant que je n'en sais le nombre (1). »

(1) *Relation provençale*, éditée et traduite par Paul Meyer. (Rohricht. *Quinti belli sacri scriptores minores*, p. 185-190.)

Ce dut être peu après cette défaite que le comte de Nevers s'embarqua pour revenir en France ; les auteurs contemporains s'accordant à mettre son départ au mois d'août, ce fut probablement l'un des deux derniers jours du mois qu'il partit, dégoûté sans doute de la mauvaise direction des opérations et découragé par le funeste résultat de la bataille du 29. Son départ précipité causa un grand dépit au reste de l'armée, qui fit entendre contre lui de violents murmures ; les chroniqueurs se font l'écho de ces récriminations, certains vont même jusqu'à accuser Hervé de Donzy de trahison (1).

Damiette, prise le 5 novembre 1219, fut perdue par les croisés le 8 septembre 1221.

Parmi les prisonniers restés entre les mains des Sarrasins lors de la défaite du jour de la fête de la Décollation de saint Jean-Baptiste était, comme nous l'avons déjà vu, Eudes, seigneur de Châtillon-en-Bazois. Ce chevalier mourut en captivité, et, avant de mourir, par ses dernières volontés,

---

(1) « Comes de Niversa orto malo de exercitu exivit. » (Johannes DE TULBIA. *De Johanne rege Jerusalem.* ROHRICHT. *Quinti belli sacri scriptores minores,* p. 122.)

« His diebus comes de Niversa infamatus de exercitu recessit. *Liber duellii christiani in obsidione Damiate.* (*Ibid.,* p. 158.)

« Eodem anno, mense augusto, Herveus comes Nivernensis a partibus rediit transmarinis. » (Robert ABOLANT. *Recueil des historiens de la France,* tome XVIII, p. 287.)

« De cele part où ils entrèrent (un renfort) en Damiette, estoit li cuens de Navers herbegiés. Dont il ot grant blasme, et li mist on sus qu'il en avoit eu grant avoir del soudan pour entrer les Sarrasins en Damiete, parmi ses herberges. Dont il avint c'on le bani de l'ost. » (*Chronique* d'ERNOUL, éd. par M. DE MAS LATRIE pour la Société de l'histoire de France, p. 425.) Ernoul écrivant sa chronique quelques années après les événements qu'il raconte, probablement vers 1230, paraît avoir eu en vue ici l'entrée dans la ville assiégée de quarante à cinquante cavaliers sarrasins, fait rapporté par la relation provençale au 2 novembre, longtemps après le départ du comte et deux jours avant la prise de la place. (ROHRICHT. V. *Belli sacri scr. min.,* p. 195-196.)

donna aux Chevaliers Teutoniques 20 livres nivernaises,
forte monnaie, à prendre sur Pignol (1) et sur Tannay (2).
Cette donation semble avoir été faite verbalement, car, pour
en prouver la véracité, les frères Teutoniques eurent recours
à deux attestations qu'ils se firent délivrer par Raoul, vicomte
de Beaumont, le 16 mars 1223 (3), et par Milon de
Nanteuil, évêque de Beauvais, en décembre 123. (4) (ce
prélat étant alors à Ravenne), qui avaient été les compagnons
de captivité du seigneur de Châtillon et avaient assisté à ses
derniers moments. Par un acte du 7 janvier 1238, Eudes,
seigneur de Châtillon-en-Bazois, fils du donateur, assignait
définitivement les 20 livres de rente annuelle laissées par
son père aux Teutoniques sur le village de Pignol et ses
dépendances, en exceptant de cette redevance le fief de la
Faye-Narcau (5), possédé par les enfants de Robin de La
Coudraye (6), et 8 livres de rente sur ses revenus de
Tannay (7).

C'est là qu'il faut placer le début des différents établissements que les Chevaliers Teutoniques eurent en Nivernais
jusqu'au commencement du seizième siècle. La donation
d'Erard de Chassenay paraît en effet n'avoir pas eu de suite,
ce qui nous confirmerait dans l'idée que c'est la marque

(1) Pignol, hameau et château (Nièvre), arrondissement de Clamecy,
canton et commune de Tannay.

(2) Tannay (Nièvre), arrondissement de Clamecy, chef-lieu de
canton.

(3) Arch. de l'Aube. *Vidimus* de 1407. L'abbé LALORE. Cart. diocèse
de Troyes, III, p. 190.

(4) *Ibid. Vidimus* de 1455. *Ibid.,* p. 104. « Quando eramus in pri-
sione sarracenorum, presentes fuimus ubi et quando nobilis vir
Odo, dominus de Castellione in *Bezoes,* in puram et perpetuam
elomosinam legavit... »

(5) Aujourd'hui détruit; les bois de Faye sont à l'ouest de Tannay.

(6) La Coudraye (Nièvre), arrondissement de Clamecy, canton de
Tannay, commune de Lys.

(7) D'après un *vidimus* de 1270. Archives de la Nièvre, H. Fonds de
l'abbaye Saint-Martin de Nevers.

d'un prêt d'argent fait par l'ordre à ce seigneur, et la donation n'aurait été, dans ce cas, qu'un simple engagement fait jusqu'à complet remboursement de la somme prêtée. Toujours est-il que les archives de l'ordre en France ne contiennent pas de mention relative à la présence de quelque établissement durable des Chevaliers Teutoniques à Saint-Sauveur ou à Guerchy.

Il est probable que c'est à la même époque qu'il faut faire remonter la fondation de la commanderie d'Orbec, en la paroisse de Nolay ; nous n'avons pas l'acte de la donation primitive faite de ce lieu à l'ordre Teutonique, mais nous voyons que par un acte du 9 mars 1251 Rainaud, prêtre, fils de feu Robert du Marais (*de Mares*), vend aux frères de la maison d'Orbec (*de Orbé*), de l'ordre de l'Hopital des teutoniques, pour 10 livres nivernaises, tous les droits qui pouvaient lui appartenir tant sur les terres, prés, cens, hommes, dîmes, bois et autres choses situées dans la paroisse de Nolay (*de Nunlay*) (1).

Les représentants de l'ordre en Nivernais paraissent avoir très-mal administré les terres de leurs maisons, car, par une bulle du 12 décembre 1258, Alexandre IV donne mission au prieur de Saint-Martin de Nevers d'annuler toutes les aliénations perpétuelles ou temporaires et tous les baux faits tant à des clercs qu'à des laïcs, dans des conditions très-préjudiciables aux intérêts de l'ordre (2).

Comme tous les ordres religieux militaires, l'ordre Teutonique avait sa clientèle de petits artisans de condition libre qui, moyennant une redevance pécuniaire annuelle, étaient sous sa sauvegarde. C'est ainsi que nous voyons un cordonnier, Jean de Prémery, reconnaître par acte du 20 février 1260, que depuis longtemps il a institué une

(1) Orig. parchemin. Archives de l'Aube. Fonds des chartes de Beauvoir. (Abbé LALORE. Cart. du diocèse de Troyes, III, p. 217 et 218.)

(2) Archives de l'Aube. *Vidimus* sur parchemin. (Abbé LALORE. Principaux cartulaires du diocèse de Troyes, III, p. 220 et 221.)

rente annuelle de 5 sous nivernais, monnaie courante, envers la maison des Teutoniques d'Orbec, et qu'en échange les frères de cette maison l'ont pris sous la sauvegarde de leur ordre (1).

A côté de ces hommes libres, se mettant spontanément sous sa protection moyennant un cens, l'ordre avait des serfs, et il nous est resté un acte du 23 septembre 1290, par lequel Étienne dit Dedard, d'Orbec, reconnaît qu'il est homme taillable et exploitable de haut et de bas et main-mortable du maître et des frères de l'hôpital des Teutoniques d'Orbec, ainsi que de tout temps l'avaient été ses ancê-tres (2).

Orbec paraît avoir été le chef-lieu des établissements de l'ordre Teutonique en Nivernais; une communauté de frères de l'ordre y résida, et nous voyons par les chartes qu'elle y existait encore dans le premier tiers du quatorzième siècle. Cette maison avait à sa tête un dignitaire de l'ordre qui est

(1) « Noveritis quod in nostra presentia constitutus, Julianus de Premiriaco, sutor, presente procuratore domus hospitalariorum Theutor orum de Orbeyo, Nivernensis diocesis, publice et in jure confessus fuit se, necessaria defensione rerum ipsius et corporis perurgente, sicut dicebat, jamdiu est subdidisse deliberatione spontanea et subesse adhuc garde et dominio predictorum hospi-talariorum pro quinque solidis cursualis monete in comitatu Nivernensi servicii seu queste reddendis eisdem hospitalariis vel mandato eorum apud Orbeyum in festo sanctorum Remigii et Germani in perpetuum annuatim. » (Archives de l'Aube. Original en parchemin. Abbé Lalore, *loc. cit.*, p. 221 et 222.)

(2) « Stephanus dictus Dedart de Orbeyo, publice et in jure confessus fuit certus, providus et ex certa scientia ductus, diligenti deliberatione previa, ut dicebat, antecessores suos semper fuisse et esse homines tailliabiles et explectabiles alto et basso et de manu mortua religio-sorum virorum magistri et fratrum hospitalis Teutonicorum de Orbeyo, Nivernensis dyocesis, ac ipsum Stephanum fuisse semper et adhuc esse hominem tailliabilem et explectabilem alto et basso et de manu mortua eorumdem religiosorum et domus de Orbeyo supra-dicte... » (Original. Archives de l'Aube. Lalore. Princ. cartul., III p. 234-235.)

désigné tantôt sous le titre de maître, tantôt sous celui de commandeur, et qui était en même temps commandeur de Beauvoir, chef-lieu des maisons de l'ordre en France ; la commanderie de Beauvoir dépendait elle-même de la province de Lorraine. C'est la maison d'Orbec qui figure seule jusqu'en 1331 dans tous les actes passés par l'ordre Teutonique en Nivernais.

En 1296, le 31 mai, *Perreaus li Quequeren*, et *Ysabeau dite la Rousse*, sa femme, vendent au commandeur et aux frères de *la maison d'Orbé*, *moyent de l'ospitaul des Alemanz*, un bichet d'orge, mesure de Clamecy, de cens annuel sur une terre située au-dessus de la fontaine de Pignol, pour 24 sous, forte monnaie (1). Le même jour, *Geyns*, de Pignol, et *Perenele*, sa femme, vendent aux mêmes une pièce de vigne séant en Champsenault pour 26 sous, forte monnaie (2). Le 29 septembre 1298, *Menjarz*, femme de feu Arnoulf Le Maréchal, du Pont-Saint-Didier (3), et ses enfants, vendent à frère Guillaume de Tongres, *commandeur d'Orbé*, et aux frères dudit lieu, *frères de l'ospitaul Nostre-Dame de Jérusalem*, 6 sous de cens annuel sur une pièce de terre située à Pignol (4). Le 23 février 1299, Guillaume *Blaisate*, du Pont-Saint-Didier, et Ysabeau, sa femme, vendent à frère Guillaume de Tongres, *commandeur de la maison d'Orbé*, et aux frères de ladite maison, un pré au Pont-Saint-Didier (5). Puis viennent différents baux à rente de pièces de terre situées à Pignol, consentis par le maistre et les frères de *l'ospitaul d'Orbé*, le 16 décembre 1324 (6), *par religieux homes et honestes les hospiteliers de Nostre-Dame-les-Alemenz*, le

---

(1) LALORE. Princ. cartul. du dioc. de Troyes, III, p. 239.

(2) *Ibid.*

(3) Saint-Didier (Nièvre), arrondissement de Clamecy, canton de Tannay.

(4) LALORE. Cart. de Troyes, III, p. 243.

(5) *Ibid.*, p. 243-244.

(6) *Ibid.*, p. 277.

26 janvier 1326 (1), pour des biens situés à Pignol ; puis c'est un échange du 9 novembre 1326 entre *Regnauz diz Meenez*, de Pignol, et *les frères de l'ospitaul d'Orbé* (2) ; enfin, le 19 novembre 1331, c'est une donation faite par *Thévenins dit Légiers Huroz*, de Pignol, *aux maistre et frères d'Orbé* (3).

De tous ces titres que nous venons d'énumérer, il résulte bien que le siége de l'ordre en Nivernais était à Orbec et qu'il y avait une communauté résidant en cette maison.

Cependant, nous venons de voir aussi que l'ordre avait acquis peu à peu, tant à Pignol qu'à Saint-Didier, des biens nombreux ; il en avait aussi dans un endroit appelé le Bot-de-Villiers ou Villiers, et situé en la paroisse de Flez (4) ; mais les titres ne nous renseignent pas sur l'origine de ses possessions en ce lieu.

Le 11 novembre 1336, *Perrin Li Mires*, *de Chachi* (5), reconnaît avoir pris de religieuses personnes le commandeur et le couvent de Beauvoir, en Champagne, au diocèse de Troyes, de l'ordre des frères Hospitaliers de l'hôpital Notre-Dame-des-Allemands de Jérusalem, une pièce de terre à eux appartenant à cause de leur maison de Villiers (6), à condi-tion de la planter en vigne dans le délai de deux ans. Si la vigne n'est pas plantée dans deux ans, la terre sera reprise *par li gouvernerres et tenerres de ladite maison de Viliers.*

---

(1) LALORE. Cart. de Troyes, III, p. 277 et 278.

(2) *Ibid.*, p. 278.

(3) *Ibid.*, p. 278-279.

(4) Flez, réuni à Cuzy, forme une commune de l'arrondissement de Clamecy, canton de Tannay.

(5) Chassy, château, aujourd'hui commune de Vignol, arrondisse-ment de Clamecy, canton de Tannay.

(6) Ce *Villiers*, en la paroisse de Flez, dit aussi *le Bout-de-Villiers*, nous semble identique avec *Villiers-le-Boison, Villiers-la-Montagne,* fief de la châtellenie de Monceaux-le-Comte mentionné par M. de Soultrait dans son *Dictionnaire topographique*, p. 197, col. 1ᵉ. Nous croyons le retrouver dans *l'Allemande*, ferme, commune de Vignol, canton de Tannay.

C'est la première mention que l'on trouve dans les chartes de Beauvoir de cette maison de Villiers, qui ne nous semble avoir été, comme celle de Saint-Didier qui lui succéda au siècle suivant, qu'une succursale de celle d'Orbec, et où, pas plus qu'à Saint-Didier, nous ne trouvons traces positives de l'existence d'une communauté de frères de l'ordre. Il est à remarquer, du reste, que le titre de commandeur de la maison de Villiers, pas plus que plus tard celui de commandeur de la maison de Saint-Didier ou de commandeur de Pignol, ne se trouve porté isolément ; mais ces titres sont toujours joints à celui de commandeur de la maison d'Orbec, et, nous l'avons déjà vu, le commandeur d'Orbec était toujours ou presque toujours en même temps commandeur de Beauvoir.

C'est au commandeur des maisons d'Orbec et de Villiers que, le 27 juin 1348, Alis, veuve de feu Jean Richou, de Saint-Didier, fit donation de tous ses biens, donation dont les motifs sont ainsi rapportés dans l'acte : *Quamplurima commoda, bonitates et curialitates immensas habuit et recepit retroacto tempore a religiosis viris preceptoribus seu commendatoribus domorum de Orbeio et Villaribus, ordinis Beate Marie Theutonicorum Jherusalem* (1).

Un bail à bordelage pour des biens situés à Pignol, passé le 22 avril 1369, nous fait connaître le nom d'un second commandeur d'Orbec, frère Jacques de Mayence, qui se qualifie de *commandeur des maisons d'Orbé, au diocèse de Nevers, et du Bot-de-Villiers, au diocèse d'Ostun* (2); nous le voyons passer d'autres baux pour des biens situés à Tannay le 24 mars 1372 (3), à Orbec les 9 août 1377 (4) et 28 octobre 1378 (5), et à Saint-Didier le 4 novembre 1387 (6).

---

(1) LALORE. Princ. cart. du dioc. de Troyes, III, p. 286.
(2) *Ibid.*, p. 287.
(3) *Ibid.*, p. 288.
(4) *Ibid.*, p. 289.
(5) *Ibid.*, p. 290.
(6) *Ibid.*, p. 290.

C'est à son administration que se rapporte un mandement du 16 décembre 1384, par lequel Philippes, duc de Bourgogne, ayant la tutelle de son fils Jean, comte de Nevers, ordonne aux receveurs du comté de Nevers de payer au commandeur de Beauvoir la somme de 100 sous tournois qu'il avait le droit de prendre annuellement sur les festages de Monceaux-le-Comte (1). Nous ignorons l'origine de ce droit qui ne nous est connu que par cet acte.

Dès 1336, dans les actes concernant les biens des Teutoniques en Nivernais, il n'est plus question que du commandeur seul ; on ne parle plus des frères de la maison d'Orbec, nulle part non plus il n'est dit qu'il y en ait eu dans la maison de Villiers ; il est à croire que dès-lors la communauté que nous avions rencontrée au treizième siècle et au commencement du quatorzième siècle à Orbec avait disparu, bien qu'il n'y en ait d'autre preuve que le silence gardé par les actes à son égard, et qu'au siècle suivant, nous constations l'existence d'une chapelle dans la maison de Saint-Didier.

Le successeur de frère Jean de Mayence, en qualité de commandeur de Beauvoir, en Champagne, et *maistre de la maison de Pignoles* (c'est la première fois qu'il est question de cette maison), fut frère Jean de Brandebourg, qui ne nous est connu que par une quittance qu'il donna le 20 janvier 1394, étant à Asnan, à messire Pierre de Nourry, chevalier, seigneur de Tannay, pour la somme de 8 livres tournois (2). Cette somme représentait le terme de l'année courante de la rente créée en 1238 par Eudes, seigneur de Châtillon-en-Bazois, au profit de l'ordre Teutonique et qu'il avait assise sur les revenus de la terre de Tannay.

Une quittance semblable, donnée à Tannay le 21 décembre de l'année suivante, nous fait connaître le nom de frère Arnoul de Seille, hospitalier de Notre-Dame-des-Alemens,

(1) LALORE. Cart. de Troyes, III, p. 290.
(2) *Ibid.*, p. 292-293.

commandeur de l'hôpital de Beauvoir, en Champagne, qui succéda à Jean de Brandebourg (1) dans l'administration des biens de l'ordre en Nivernais. Le 30 octobre 1407, ce commandeur, qui s'intitule *frère Arnoul de Saille, ospitelier, mestre et commandeur des maisons de Beauvoir, en Champaigne, d'Orbé et de Pignolles, au diocèse de Nevers, de l'ordre de Pruce*, donne à titre de bordelage à Robert Griffart « tous les maignez qui furent maisons séant à Pignolles » pour 5 sous tournois et une quarte d'avoine (2). Dans cet acte, qui est le dernier de ceux qui nous sont parvenus de l'administration de ce commandeur, nous voyons pour la première fois l'ordre s'intituler *ordre de Pruce*; ses successeurs le nommeront *ordre de Jérusalem et de Prusse; Notre-Dame de Jérusalem, de l'ordre de Pruche; ordre de Notre-Dame de Jérusalem et de Sainte-Élisabet de Pruche.*

Le successeur de frère Arnoul de Seille, au moins pour la commanderie d'Orbec, fut frère Gérard de Beccange, que nous voyons passer un bail pour une pièce de pré située à Nolay, le 22 août 1413; il y prend le titre de *frater Girardus de Beccange, commendator omus hospitalis de Orbey* (3). Dans cet acte, le commandeur paraît seul, ce qui prouverait qu'il n'y avait plus de frères à Orbec, comme nous l'avons dit; cependant, frère Gérard de Beccange ne portant que le seul titre de commandeur d'Orbec, il est très-possible qu'il ait résidé dans cette maison.

Jusqu'à 1441 nous n'avons plus de documents où il soit question de la maison d'Orbec, ni des établissements Teutoniques en Nivernais; le 9 mai de cette année, frère Jehan de Francfort, qu'un acte de 1438 qualifie de commandeur de Beauvoir, donne quittance à noble dame Marguerite, dame de Maligny, pour les arrérages de la rente annuelle due à

(1) LALORE. Cart. de Troyes, III, p. 293.
(2) *Ibid.*, p. 294.
(3) *Ibid.*, p. 294.

l'ordre Teutonique sur les revenus de la seigneurie de Tannay (1); dans cette pièce, il s'intitule seulement *religieux de Notre-Dame de Jérusalem.*

Le 8 avril 1442, « *frère Jehan de Francfort, de l'ordre de Jérusalem et de Prusse, hospitalier et maistre d'Orbé* », donne à ferme à Jehan Clerc et Jehan Bruet, *alias* Narquin, paroissiens de Nolay, son hôtel et maison dudit lieu d'Orbé, « réservé audit maître les rentes et bourdelages dues audit hostel (2) ». A partir de ce moment, les différentes maisons de l'ordre Teutonique en Nivernais, à commencer par Orbec, qui en était la plus importante et la tête, ne sont plus que de simples métairies. Sous l'administration de frère Jehan de Francfort, la commanderie d'Orbec fut saisie et mise sous la main du roi à cause d'une amende à laquelle ce commandeur avait été condamné par le Parlement; les titres de Beauvoir ne nous renseignent pas sur la date de cette saisie, qui ne fut levée que le 23 décembre 1452 (3).

Jean de Gémont, prêtre, succéda à Jean de Francfort dès 1451, mais ne prit possession qu'en 1452; en 1451, nous voyons *frère Nicolas de Soye, commandeur de Beauvoir, en Champagne, au diocèse de Troyes, et des maisons d'Orbec, et du Pont-Saint-Didier, au diocèse de Nevers, membres de Nostre-Dame de Jérusalem, de l'ordre de Pruche*, donner en bordelage perpétuel « une maison appartenant à ladicte commanderie, à cause dudict Pont-Saint-Didier, séant au Bout-de-Villiers, en la parroiche de Flez, avec les appertenances d'icelle maison du Bout-de-Villiers; *item*, trois journaulx de terre séant dessus le clox de Villiers tenant aud. clox d'une part et à la rue de Monceaulx d'autre part; *item*, deux journaulx de terre ou environ séant au finaige de Teigny... *item*, au finaige de Cury, un désert de terre (4)... » La maison et les biens

(1) LALORE. Cart. de Troyes, III, p. 297.
(2) *Ibid.*, p. 297.
(3) *Ibid.*, p. 300.
(4) *Ibid.*, p. 297-298.

mentionnés dans cet acte sont ceux qui formaient la commanderie de Villiers, au quatorzième siècle. Il est très-douteux qu'il y ait jamais eu une communauté de frères de l'ordre dans cette maison.

Les biens de Pignol étaient aussi en métairie, et par un acte du 12 décembre 1454, *noble Glaude d'Aulenay, seigneur de Lye* (1), *écuyer,* accorde *de grâce spécial, à religieuse personne, frère Jehan de Guemont, religieux de Prusse et maistre et commandeur d'Orbey et de Saint-Didier, soubz lad. religion, et à Jaque Benoist, dit Le Lorrain, absent, mectoier desd. religieux et demourant au village de Pignoles, en la mectoirie de laå. commanderie ens les fins et mectes du four bannal dudict Lye, appartenant audict escuier, qu'il cuize et puisse cuire pour leur mesnage et hostel seulement de lad. mectoirie jusques à ung an,* moyennant payement de trois boisseaux froment pour *droit de fournage* au bout de l'année (2).

Orbec, bien déchu et abandonné depuis longtemps par l'ordre à des métayers, se composait de trois maisons, une grange, un étang et un moulin ; le 6 novembre 1476, frère Jehan de Gémont les donna à bordelage (3); et par acte passé le lendemain, il afferma aussi pour six ans et pour le prix de 12 écus d'or neufs par an tous les revenus de l'ordre (autres que les revenus des terres et bâtiments qui étaient sa propriété directe, sans doute), avec cette clause : *Et sera tenu led. debteur paier aud. commandeur tous despens qu'il fera ou pourra faire à l'actendue d'un chascun desd. paimens, les termes d'iceulx passez, et fournir les despens dud. commandeur quand il viendra ou envoiera quérir sesdiz paiemens, luy estant en ceste ville de Nevers* (4).

La rente de 8 livres sur la seigneurie de Tannay conti-

---

(1) Lys (Nièvre), arrondissement de Clamecy, canton de Tannay.
(2) LALORE. *Loc. cit.,* p. 302 et 303.
(3) *Ibid.,* p. 308.
(4) *Ibid.,* p. 308-310.

nuait à être payée chaque année à l'ordre Teutonique; mais, le 17 septembre 1482, Louis de Damas, chevalier, seigneur de Montaigu et de Tannay, la racheta moyennant 3o livres (1).

Le 24 septembre suivant, *frère Jehan de Gémont, maistre et commandeur des maisons des hospitaulx de Beaulvoir, au diocèse de Troyes, d'Orbet et de Pont-Saint-Didier, au diocèse de Nevers, de l'ordre de Jérusalem en Prusse*, affermait à Jean Rossignol le jeune, prêtre, chanoine de l'église de Tannay, *les chapelle, maison d'ospital, courtil*, etc., *séant et joignant aud. Pont-Saint-Didier;* ce bail était fait pour toute la vie du chanoine Rossignol (2).

Après cette longue administration de frère Jehan de Gémont, nous voyons à la tête de l'ordre en France un commandeur laïc, frère Nicolas de Sumpfer, qui francisait son nom sous la forme de Sommevoire; marié et n'ayant pas le droit de porter l'habit de l'ordre, il devait être assisté d'un prêtre membre de l'ordre (3). Ce commandeur annula, par suite d'un accord intervenu le 6 octobre 1492, le bail fait par Jean de Gémont au chanoine Rossignol (4).

Dans un bail qu'il fit le 15 octobre 1493, pour la commanderie d'Orbec, il fait insérer que quand il viendra à Orbec toucher ses redevances, le locataire devra *lui bailler une chambre bonne et honneste, garnie de tout mesnage aud. commandeur pour le loger, ensemble son varlet et son cheval, et leur fournir leur vie et toutes choses nécessaires à leurs despens* (5).

Nicolas de Sumpfer dut être le dernier administrateur des biens de l'ordre en France et en Nivernais, car, par acte du

(1) Lalore. *loc. cit.*, p. 311.
(2) *Ibid.*, p. 311-312.
(3) *Ibid.*, p. 316-317.
(4) *Ibid.*, p. 318.
(5) *Ibid.*, p. 319.

23 avril 1501, l'ordre Teutonique vendait toutes ses possessions de France à l'abbaye de Clairvaux (1).

Vingt-quatre ans plus tard, le dernier grand-maître de l'ordre, Albert de Brandebourg, devenu luthérien, détachera de l'ordre le duché de Prusse et fondera ainsi le noyau de l'Empire prussien.

Les chartes de l'ordre Teutonique en France, réunies aujourd'hui à celles de l'abbaye de Clairvaux, sont conservées aux archives de l'Aube; en 1871, M. d'Arbois de Jubainville, alors archiviste de l'Aube, aujourd'hui membre de l'Académie des inscriptions et belles-lettres, signalait l'existence de ces chartes dans un article intitulé : *L'Ordre Teutonique en France* (2), et en analysait quelques-unes.

En 1878, M. l'abbé Lalore les publiait ou en donnait des analyses détaillées dans le tome III de sa collection des principaux cartulaires du diocèse de Troyes; malheureusement, cet ouvrage contient des fautes de lecture qui le déparent.

(1) Lalore. *Loc. cit.*, p. 320-322.
(2) *Bibliothèque de l'école des chartes* 1871, p. 63.

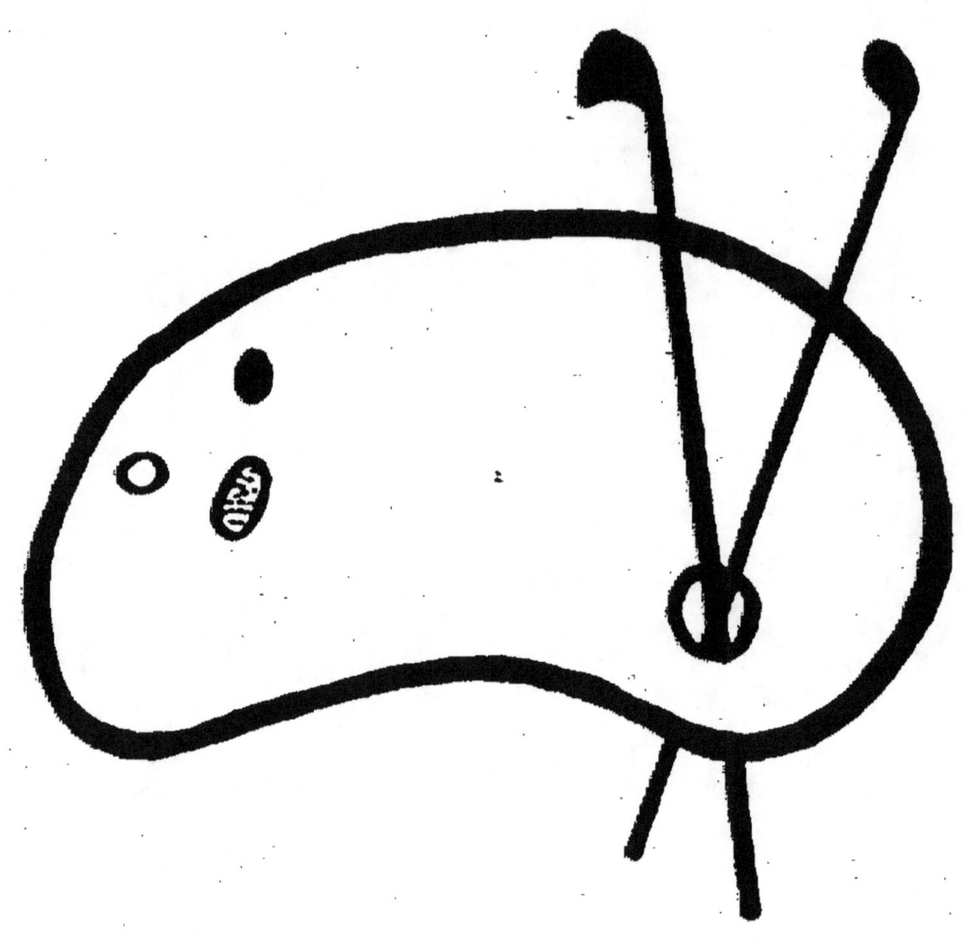